CLARA CORIA

EL VALOR
DE ELEGIR

Prólogo de Diana Wang

Barcelona - Buenos Aires

Créditos

Título original:
El valor de elegir

© Clara Coria, 2024
© De esta edición: Pensódromo SL, 2025

Disseny de coberta:
Cristina Martínez Balmaceda - Pensódromo

Editor: Henry Odell — p21@pensodromo.com

ISBN print: 978-84-129158-1-5
Depósito legal: B 465-2025

ÍNDICE

A Rocío, por el enorme disfrute de tejer y destejer juntas no pocos misterios de la vida.

Prólogo

Es un atardecer sosegado. Clara enhebra oraciones y frases, ideas y preguntas, reflexiones y recuerdos: tan suyos que son de todos. En estas hojas hechas libro que sostienen nuestras manos, la aparente quietud de los renglones escritos se vuelve agua profunda que desagua caudalosa, fresca y sabia, clara —¿cómo podría ser de otro modo?— y transparente, siempre en movimiento, como aquel río que parece igual, pero es siempre otro. Todo es paz en el eco melodioso de la voz con la que Clara dice que ha vivido y que está todo bien.

Son momentos y anécdotas que invitan a maravillarnos ante esas pequeñas cosas que a veces dejamos pasar. Un rostro inesperado en el espejo conocido, una hoja indiferente posándose cerca de un pájaro que recoge migajas, un cuaderno olvidado junto a un caleidoscopio mágico, una burbuja misteriosa y juguetona que reúne recuerdos y los funde con el presente. Un tapiz multicolor tramado con hilos de certezas e incertidumbres que Clara transforma en un chal que nos envuelve con tibieza.

Debe haberlo escrito sentada ante una mesa (¿en su casa? ¿en un café?), pero la imagino a la intemperie, reclinada cómodamente sobre una pendiente mullida cubierta de césped, en silencio, los ojos entreabiertos, confiada y segura, dejándose acariciar por ese sol crepuscular tan conocido, tan amigo aunque, y esa es la maravilla, siempre nuevo.

Cada una de sus palabras brotan mansas murmurando —lo digo otra vez— que está todo bien. Sin reproches. Sin reclamos. Sin pendientes.

Entregada, en paz y en armonía con el universo.

Toca ahora jugar con la vida.
Ahora se puede.
Ahora se debe.

Ahora está todo bien, por eso empieza a saber cómo.

Diana Wang

Desafíos

Es sabido que la vida es un eterno desafío. A veces muy explícito y otras poco evidente. Pero siempre es una aventura que despierta alternativas insospechadas. Y es así como, entre temores y entretenimientos, transcurren sus senderos.

Los desafíos son como luces brillantes que no prometen garantías pero enarbolan atractivos de futuro y ponen en juego la capacidad humana para enriquecer tanto el hoy como el mañana.

En ocasiones, ofrecen grandes satisfacciones al concretar anhelos muy deseados. Pero también sucede que no siempre están dispuestos a satisfacer las pretensiones humanas, y promueven así grandes desilusiones. Sin embargo, aun cuando los resultados no lleguen a ser todo lo exitosos que se anhelaba, el haberlo intentado pone en evidencia la propia valentía, lo cual alimenta la autoestima.

Los desafíos son algunas de las bases sobre las que se asienta el andar humano, pero que no siempre son percibidos con claridad. Entre otras cosas, porque se presentan de muy distintas maneras. Algunos se imponen de forma inesperada sin darnos alternativas de elección. Otros se mantienen adormecidos proyectando nuestro andar dentro de horizontes predecibles. Pero también existen desafíos privilegiados. Son aquellos que elegimos enfrentar para darle espacio a ciertos anhelos profundos. Estos últimos suelen ofrecer grandes satisfacciones por la actitud valiente de haberlos elegido.

Mi propuesta con estos relatos es desnudar algunos desafíos de la vida cotidiana.

La magia de una burbuja

Era un día radiante y estaba en un país lejano. Había pasado mucho tiempo desde su viaje anterior y volvió a encontrarse con aquellas palmeras que se recostaban en un cielo mágicamente azul y ese olor tan sensual de las especias de Oriente. Era así como lo recordaba. Colores y aromas que volvían a despertar tiempos novelescos. Tiempos que habían abierto un abanico de expectativas donde todo era posible, aún a pesar de las incertidumbres.

Distraída de sí misma, dejaba perder su mirada por el extenso jardín que alguna vez recorriera, con senderos cuajados de naranjos. Seguramente no eran los mismos de antaño y tal vez ni si quiera fueran naranjos, pero eso no tenía ninguna importancia. Había vuelto al lugar de no pocas ensoñaciones cuando nunca imaginó que volvería. Estaba nuevamente ahí, en ese hotel de las mil y una noches, que allá lejos y hacía tiempo, la había transportado a una irrealidad. Se sentía como entonces, sin poder discernir si las imágenes que saboreaba eran reales o ilusorias. En cualquier caso, eran palpables, olorosas y de una corporeidad contundente. Y fue en ese estado de contemplación casi onírica, etérea pero apresable, que sucedió lo inesperado.

Sin saber cómo ni desde dónde se presentó ante sus ojos con precisión implacable. Era una inmensa burbuja transparente que jugueteaba seduciéndola descaradamente. Bella e inquietante levitaba exhibiendo un espacio atemporal dentro del tiempo. Como venida de otro mundo apareció de la nada y se instaló de frente, casi al alcance de sus manos. Reluciente como una gota de lluvia al sol. Excitante como los deseos a punto de ser satisfechos. Tentadora como un manjar anhelado que serpentea, siempre escurridizo.

Sabía que solo era una ilusión. Atractiva, pero ilusión al fin. También sabía que con solo traspasar tres etéreos escalones podría entrar en su recinto y entregarse al placer de lo irreal. La tentación la inquietaba porque, como todo el mundo sabe, las burbujas tienen vida propia. Coquetean con la brisa y tienden a esfumarse ante el menor roce. Sólo piensan en su propio devenir divirtiéndose con los ojos sorprendidos de quienes se maravillan con la transparencia de su andar. No son pocos quienes envidian su deambular desapasionado, y siempre alguien se deja tentar para levitar con ellas.

No pudo resistirse. Y aún antes de haberlo decidido se encontró instalada como huésped en la burbuja. Todo era muy raro, irreal y al mismo tiempo, profundamente concreto. Había decidido aceptar con toda naturalidad estar dentro sin dejar de estar también fuera. Se observaba a sí misma fascinada.

Pero sucedió algo imprevisto que rompió su propio hechizo cuando descubrió, con un algo de desazón, que no era la única huésped. Sin poder darse crédito se encontró sentada dentro de la burbuja con aquella otra —que era ella misma cuando joven— y que décadas atrás había mirado embelesada las mismas palmeras, el mismo cielo azul y percibido los mismos envolventes aromas. ¿Cómo era posible que hubiera sucedido? Hacía mucho tiempo que aquel rostro juvenil de épocas lejanas sólo transitaba amarillentas fotos olvidadas en álbumes que nadie miraba.

Sin embargo, allí estabas Ella, en plena juventud, exhalando la soberbia de su inexperiencia. Sonreía con el desenfado de quien se sabe en casa propia y contemplaba con ternura las arrugas de la que ya había transitado casi toda la vida. Fue un encuentro inesperado que mezcló pasiones aparentemente inconciliables. Amores y desencantos, ternuras y asperezas, goces y dolores, propuestas incumplidas y hasta desafíos inesperadamente exitosos. Todos ellos se dieron cita para homenajear a la gran diosa del devenir: la inasible Incertidumbre.

Aquella joven y esta mujer madura se miraron con avidez. Juntas habían tejido y destejido más de una madeja. ¿Acaso la juvenil hubiera podido imaginar el derrotero de su andar así como también que su vida cupiera en una burbuja? Y sin embargo, allí estaban embelesadas, abrazando momentos de vida. Se despidieron con una sonrisa tierna. El encuentro se había producido y la burbuja reía a carcajadas. Tan desaforada fue su risa que produjo brisas. Y ya liviana, sin sus huéspedes, los aires se movieron abrazando a la burbuja que danzando se fue en pos de otros encuentros.

Certeza irremediable

Desde el primer encuentro inocente se instaló la confianza como si se hubieran conocido desde siempre. Recorrían el parque compartiendo anécdotas y deshilachando los misterios de la vida. Él, totalmente despreocupado y ella, sorprendida y algo culposa por los sentimientos que le cosquilleaban, tan impropios de una señora casada. Caminaban, sin saber —sabiendo— que con cada paso se acercaban al precipicio de sus emociones. Un pájaro miraba vigilante desde una rama cercana intentando develar el futuro de quienes deambulaban, mientras que las garzas, solo se preocupaban por embellecer su pelaje y tomar posesión, distraídamente, de la rama más acogedora para pasar la noche.

En ese momento, él lo dijo con total irres-
ponsabilidad: «no te preocupes por estos
encuentros, porque no ponen en riesgo ni
tu matrimonio ni el mío».

Ella sintió que un rayo la atravesaba
mostrándole, como en pantalla gigante, un
reverso irremediable poblado de rupturas.
Lo supo y fue una certeza, aunque ella no
era una mujer de certezas. Solía acomodar-
se a lo que la vida le presentara, sabiendo,
en lo más profundo de sí misma, que lo
indiscutiblemente palpable también podía
convertirse en humo y desaparecer con la
brisa. Venía atravesando la vida a saltos y
tropezones tratando de esquivar las malas
rachas o imponiéndose digerir a fuerza de
voluntad aun lo indigesto. Nunca estaba
demasiado segura de nada, pero esta vez lo
supo. Se lo dijeron sus vísceras mezclando
burbujas con miedos. ¿Cómo podía ser que
la vida jugara tan irrespetuosamente con las
emociones humanas? Justamente ahora que
había logrado encontrar un cauce. Es cierto
que dicho cauce no era demasiado armó-

nico, pero ofrecía seguridades y curaba no pocas heridas.

Era evidente que él no tenía la menor idea del cataclismo que su afirmación había puesto en marcha. Acostumbrado a creer que la vida es controlable por la voluntad y el propio deseo, ponía en marcha sus afirmaciones como fichas seguras en el tablero del vivir. Creía firmemente en lo que pensaba y consideraba que la vida era un juego que se jugaba con inteligencia y convicción. Por lo tanto, sus afirmaciones eran ley. Ella venía casi de las antípodas. Lo más seguro había sido siempre lo imprevisible. Y lo que se presentaba como cierto terminaba mostrando su cara mentirosa. Tantas adversidades la habían fortalecido y era capaz de vislumbrar entre brumas las posibles formas ocultas del devenir. Fue por eso que comprendió inmediatamente. Y supo que era una certeza irremediable e irreversible.

Le resultó evidente que estaba condenada a seguir navegando aguas turbulentas y a su pesar, quedó en complicidad con lo que acababa de descubrir. Una vez más confirmó que la vida es muy desprolija y se divierte desarmando los proyectos que, laboriosamente, y con gran esfuerzo, se proponen los humanos.

¿Será porque le aburren las historias previsibles y su manera de vivir aventuras le impone instalar incertidumbres? ¿O simplemente porque Doña Vida tampoco sabe cómo transita el devenir?

Sea como fuere, la vida es así: imprecisa, indecisa, inconstante, insatisfecha, insospechable. Es arrogante, soberbia, irrespetuosa e inoportuna. Pero también es generosa, paciente, tolerante, estimulante, sorprendente. Y ante todo ese despliegue decidió dejar de sorprenderse y ponerse a jugar con ella.

El Alba y la Incertidumbre amantes insospechados

El Alba despuntaba cada mañana acariciando el horizonte con su carga de ilusiones. Desplegaba airoso su abanico de colores con la decisión irrevocable de ofrecer un día pleno y sabroso. Sabía que nada estaba garantizado, pero era tan excitante seguir sosteniendo ese deseo que no pensaba renunciar. La inevitabilidad de sus amaneceres eran las únicas garantías con las que podía contar nuestro mundo conmocionado. Le gustaba creer que el atardecer llegaría brindándole disfrutes que albergaría en su corazón con mucho placer. Sabía que no siempre eso era posible porque había aprendido que en las cosas del vivir las garantías no existen. Sin embargo —inevitablemente— cada nuevo día era un soplo de ilusiones que jugaban a conquistar el futuro. Por eso le fascinaba ser el amanecer de cada día.

El Alba acababa de descubrir con gran sorpresa que alguien lo seguía con decisión irreversible. Parecía uno de esos amantes acostumbrado a vivir el momento, a saltar de devenir en devenir y a prescindir de previsiones y garantías. Intransigente, le gustaba jugar a las escondidas y transitaba la vida como si fuera una ruleta. No era la compañía que pudiera satisfacer los anhelos de Alba, pero se imponía como una presencia inevitable. También se dio cuenta que semejante personaje transitaba sus días con el mismo gusto y desenvoltura con que esperaba disfrutar los cambios predecibles en la luminosidad de cada atardecer. Fue entonces que recordó su nombre y supo quién era. Se llamaba Incertidumbre y amaba jugar con el devenir.

El Alba anhelaba garantías y sabía que no las tenía. Por el contrario, Incertidumbre se deslizaba con despreocupación sabiendo que todo cambia siempre y que esa era la mayor garantía donde apoyarse. Alba sentía que le inquietaba entregarle su confianza pero tampoco podía prescindir de ella porque formaba parte de cada instante de su vida. Tuvo que aceptar que era su opuesto complementario y por eso mismo se necesitaban mutuamente. Alba garantizaba nacimientos diarios mientras Incertidumbre le ofrecía la aventura de nuevos descubrimientos.

Fue entonces que, sorpresivamente, una voz surgió de lo más profundo diciéndole con amorosa cadencia:

No le temas a la incertidumbre porque con su devenir inapresable suele abrir puertas insospechadas. Las ilusiones también pueden ir de la mano de las incertidumbres que amanecen con cada alba porque, con paciencia y decisión, es posible encontrar la puerta de salida del gran laberinto que es la vida.

Caleidoscopio

Era una de esas tardes de domingo, ociosas y lentas, que no terminaba de dar paso a la noche. El tiempo se deslizaba con lentitud como serpiente fatigada por un almuerzo aún no digerido. Era un aburrimiento engolosinado en sí mismo y ella no terminaba de decidirse. Podía obligarse a salir y caminar por las callecitas del barrio que la habían acogido con cariño recién llegada a la ciudad o buscar entretenimiento revolviendo en el pequeño desván en busca de no sabía qué.

Era uno de esos días que transcurren como en incógnito, donde todo o nada es casi lo mismo. Se dejó llevar como sonámbula por un impulso indefinible y aterrizó en el pequeño desván donde solía esconder lo desechable. Allí moraban, apiñados desordenadamente, pedazos de vida pasada que ya habían sido condenados y estaban a la espera de su destino final. Su mirada tropezó con un mueble escondido bajo telas que recordaban lugares lejanos. Quiso seguir recorriendo pero su cuerpo decidió por ella y sus pies se plantaron justo ahí, como si le estuvieran diciendo «no sigas, que es aquí».

Habían pasado más de veinte años y los descubrió, cuidadosamente guardados, en una pequeña y hermosa caja. Seguían tan jóvenes como entonces, insensibles al paso del tiempo. Y aquellos eternos cuadernos, que tanto hablaban de sí misma, la saludaron como si se hubieran despedido ayer no más. Eran parte de un pasado que el corazón se resistía a desocupar. Los miró con anhelo y el espacio se conmovió. Su piel estalló en demandas impostergables y tuvo que aceptar, con un poco de terror y mucha fascinación, que el momento del encuentro finalmente había llegado.

Fue en esa tarde de domingo somnoliento, casi insignificante, que el pasado demandó presencia reclamando ser atendido. El impacto la tomó por sorpresa y no pudo —o tal vez no quiso— seguir haciéndose la distraída. Los cuadernos la reclamaban, dejó caer el antifaz protector y aceptó el desafío. Sus manos los acariciaron como pidiendo perdón por tanto abandono. No más tocar la primera hoja, la bruma comenzó a disiparse y el pasado irrumpió con toda la fuerza de entonces cuando solían llover lágrimas y no pocas incertidumbres.

Algo inesperado iluminó la tarde. Los latidos de su corazón la sorprendieron con un ritmo calmo y casi esperanzado. Su antiguo y apesadumbrado devenir no parecía ser el mismo. Algo había cambiado en ese personaje inquietante. Ella y su pasado se miraron expectantes con una mezcla de desconfianza, deseo y pasión encubierta. Ambos temerosos pero también sedientos.

Y sucedió lo impensado. Fue en ese preciso momento en que apareció en sus manos aquel caleidoscopio de la infancia con el que tanto había jugado. Como siempre, su aparición era el anuncio de la magia. No pudo evitar una mirada juguetona que la llevó a girarlo como antaño. Disfrutaba volver a sorprenderse con las mismas formas y colores que, inevitablemente, cambiaba todo con cada giro contando nuevas historias. La magia era innegable y le llevó a pensar que el caleidoscopio era uno de esos grandes sabios conocedores de la vida, capaz de mostrar que casi nada es como parece ser, que todo tiene muchas maneras de ser entendido y que con solo un pequeño giro de la mirada es posible cambiar la historia.

El último rayo de sol iluminó el desván. El pasado reía a carcajadas en complicidad con el caleidoscopio que una vez más, como siempre, había jugado su carta preferida: develar algo oculto.

Esa tarde de domingo, somnolienta y reptante le fue abriendo paso a la noche. Los cuadernos, liberados de tanta espera —y tanto peso— clamaban por festejar.

Querían gritar a los cuatro vientos que el giro del caleidoscopio, con su eterna magia, había engalanando el pasado. Ella comprendió que la vida era un caleidoscopio escondido en lo más profundo de cada ser. Nada había cambiado pero todo era distinto.

Espejo… espejito

En los dorados años de la inconciencia juvenil, cuando la vida jugaba a desorientarla, ella escapaba a su refugio predilecto que nunca la desilusionaba. Había pasado mucho tiempo, pero el negocio de antigüedades insistía en seguir ofreciendo ilusiones del pasado. Y allí volvió.

No bien entrar lo vio. Y la mirada pasional que se cruzaron puso el sello de lo que sería en adelante un vínculo inesperado de intimidad mutua.

Ubicado en el centro de la sala se erguía con toda la exquisitez de su porte. Era un espejo excepcional. El roble de Eslavonia en el que reposaba su expresivo cuerpo transmitía confianza, belleza y lealtad inclaudicables. No dudó. Su piel lo reclamó mucho antes de que su mente se decidiera y, sin dejar escapar los segundos, se lanzó a comprarlo.

Había sido amor a primera vista y el espejo se lo agradeció devolviéndole la imagen del hermoso rostro que solía engalanarla cuando se permitía respetar sus deseos, sin concesiones por «el qué dirán», ni esperando aprobación. Era el espejo más maravilloso con el que se había cruzado en la vida. Sería su mejor interlocutor. Sabría escucharla sin juzgarla, opinar sin violencia, contenerla sin presionar, acompañarla en sus incertidumbres y abrazarla en sus soledades.

El tiempo fue pasando y los días acumularon años. El espejo la conocía y ella lo sabía. Con su porte enhiesto, su arrogancia imperturbable y su lugar vitalicio, seguía libando el transitar cotidiano de su querida amiga. Por las mañanas ella le ofrecía un rostro virgen de encubrimientos, dejando al desnudo sus incertidumbres profundas con total transparencia. Él había sido testigo de las pasiones con que el tiempo la había homenajeado en ese gerundio sin fin que es la vida, dejándole sus marcas en el querido rostro. Nunca dejó de acariciar con la mirada tierna cada una de las arrugas que emergían orgullosas de seguir transitando la vida aún cuando ella se empeñaba en ignorarlas y disimularlas. O, peor aún, menospreciarlas.

Pero hubo una mañana distinta. Ella fue a darle los buenos días, como siempre, y no pudo encontrar su propio rostro. Buscó arriba, abajo, a la derecha y a la izquierda. ¿Dónde se había escondido su imagen que no se encontraba?

La que aparecía en el espejo no era ella. Conocía de sobra su rostro. Aquella adolescente insegura había cedido espacio a un rostro de mujer adulta con los que tantos disfrutes había obtenido. Pero ahora era distinto porque el rostro se le escapaba. Se resistía a ser clasificado y se negaba a ser reconocido. Algo estaba sucediendo a sus espaldas porque el espejo callaba. El silencio era ensordecedor.

Decidió enfrentar el misterio y hablar profundamente con su amigo cotidiano. Llevaban muchos años juntos y siempre había sido sabio, prudente y confiable. Y él, que estaba esperando el momento desde hacía tiempo, recurrió a toda su paciencia para ofrecerle el mejor acompañamiento posible.

Tenía conciencia de que se encontraba en un trance difícil para transmitirle lo que ella se resistía a aceptar. Sabía que era una mujer inteligente que, sin embargo, había quedado atrapada —y entrampada— en una creencia que exaltaba el modelo juvenil como panacea de atracción cuya exigencia era permanecer inalterable a través del tiempo.

Ella no lograba encontrarse en el espejo porque —según él—, evitaba toparse con las arrugas a quienes consideraba sus enemigas. Él nunca se había dejado engañar con la pretensión de eternidad y paladeaba a fondo cada presente, con arrugas o sin arrugas.

¿Cómo explicarle que el atractivo personal emerge por los ojos y por todo el cuerpo, con arrugas incluidas? ¿Qué palabras usar para que ella pudiera entender que una cara sin arrugas es sólo una máscara que habla poco y nada dice? No sabía cómo decirle que ella no lograba encontrarse porque había decretado que el paso del tiempo era un enemigo y las arrugas sus verdugos.

Ella sabía que el espejo la quería bien y que vibraba con cada matiz de su corazón. Por eso se animó a preguntarle:

Espejo… espejito ¿dónde está la belleza que ocultan mis arrugas?

Y él le respondió:

Nunca ocultaron nada.
Ni tu coraje para enfrentar los desafíos,
ni tu paciencia para tolerar lo que era

realmente inviable, ni la ternura con que
acompañaste tus dolores profundos.
Las arrugas son diplomas que sonríen por
tus desconfianzas y ríen a carcajadas por lo
que te animás a descubrir cada día.
La belleza está donde está.
Donde siempre estuvo.
En el mirar de tus ojos.

Mudanzas

Eleonora estaba preocupada porque iba a llegar tarde donde la estaban esperando un grupo de amigas. Cuando le reclamaron por su tardanza se disculpó con voz quejosa y gesto poco atractivo diciendo que estaba furiosa con su guardarropas que siempre le jugaba una mala pasada. Por mucho que volviera a revisar las perchas, los cajones y los estantes —todos repletos—, no lograba elegir lo que le viniera bien para cada ocasión. Con gesto de desagrado sostuvo que iba a tener que hacer una mudanza porque las mudanzas tienen la virtud de imponer desprendimientos. Así como, con frecuencia, logran aliviar hartazgos.

Su comentario generó una carcajada general que fue interrumpida por Beatriz, que empezó a aplaudir. Con gesto sorprendido y voz pausada comenzó a decir que nunca había pensado que una mudanza podía ofrecer alternativas tan saludables como era desprenderse de lo que ya no se usa, pero sigue alimentando ilusiones.

Luego de un silencio agregó, con gesto y voz teatral, que este descubrimiento le abría las puertas para tomar una decisión muy importante. Acababa de proponerse poner en marcha una mudanza muy particular. Comenzaría por su propio guardarropas liberando perchas, estantes y cajones que rebalsaban de ropas y objetos innecesarios desde hacía ya mucho tiempo. Usaría la mudanza como un modelo alternativo, pero sin cambiar de casa. Hasta podría llegar a animarse a enfrentar espacios vacíos para acceder a nuevos horizontes.

La idea quedó flotando y parecía ofrecer tentaciones inesperadas. No eran pocas las mudanzas en la vida cotidiana que estaban reclamando cambios.

Su comentario produjo un silencio casi estridente. Todas habían entendido que soportar lo que ya no va, es darle motivos a la vida para endurecer los rostros.

Fue entonces cuando Eleonora empezó a entender que el malestar que endurecía su propio rostro no era por seguir pretendiendo que las ropas del ayer siguieran satisfaciendo sus deseos de hoy. Sabía que había dejado de ser la de entonces. También sabía que, en no pocas ocasiones, la Eleonora que ansiaba descubrir nuevos rumbos se escondía detrás de sí misma. En realidad, el malestar que le arañaba el corazón no era por la ropa inhallable, sino el propio desagrado por seguir resistiéndose a abrirle los brazos a esta Eleonora del presente.

Incorporar el presente con las nuevas modalidades que suelen presentarse en los tiempos actuales era para ella una tarea muy laboriosa. Entre otras cosas, porque le imponía desprenderse de las certezas con que el pasado pretende seguir insistiendo. Anhelaba ampliar el bienestar de cada día. Pero ese presente le planteaba desafíos. El más inquietante era animarse a modificar lo conocido para darle espacio a otros deseos. Tal vez, lo más sorprendente fuera permitirse creer que los nuevos tiempos también ofrecen horizontes a descubrir.

Era un desafío mayor. El desafío que reclamaba desprenderse de las certezas de otros tiempos. Animarse a nuevas aventuras y, por lo tanto, a no pocas mudanzas internas.

De golpe sintió como si despertara de un sueño en el que había transitado mientras sus amigas seguían compartiendo, entre copas y sonrisas, recuerdos comunes. Mientras escuchaba a los demás se rió de sí misma sintiendo que su rostro agradecía un bienestar novedoso, que le ofrecía la oportunidad de sonreír ante los cambios.

Segunda juventud

Era una hermosa tarde, con un cielo profundamente azul y sin viento, que prometía un sinfín de colores entre las hojas que amarilleaban en ese otoño y las flores holgazanas que se habían retrasado con pretensiones de futuro.

Las tres amigas se habían dado cita en el parque apoderándose de una generosa tarde con la que pretendían compartir un espacio propio, sin compromisos laborales ni reclamos familiares. Anhelaban escuchar y compartir las vivencias que transitaban estos nuevos tiempos.

Estaban lejos de aquellas juventudes de

antaño, transitadas con el desborde de los compromisos asumidos. Se encontraban descubriendo que la vida nuevamente las sorprendía, enfrentándolas a resolver los misterios de una nueva etapa de horizontes impredecibles.

El lugar que habían encontrado era agradable y la naturaleza que las rodeaba era testigo del latir de sus corazones. Mariana rompió el silencio señalando, con énfasis, que en la madurez ya había cumplido con las obligaciones asumidas. Había disfrutado de los anhelos hechos realidad y también sobrellevado las desilusiones inesperadas. Ahora se abría otra etapa.

Con voz contundente, Isabel sostuvo que en estos nuevos tiempos le correspondía nadar en las aguas del disfrute personal y decirle adiós, con mucho cariño, a los deberes y obligaciones inesperadas. También para ella se abría otra etapa.

En ese momento fueron interrumpidas por un pájaro que, sin ningún prejuicio se acercó buscando unas migajas en la bandeja donde habían compartido la merienda. Las tres lo miraron, y él también las miró como si fuera un cuarto invitado, como si hubiera entendido todo lo dicho y lo compartiera ampliamente. Luego levantó vuelo.

Las tres quedaron impactadas por su presencia, sintiendo que también ellas debían levantar vuelo. Que era hora de permitirse acceder a una segunda juventud que incluyera el disfrute como integrante inevitable. Ya no había deberes con los que cumplir sino la enorme y laboriosa tarea de incluir el bienestar cotidiano en cada paso dado porque en esta nueva y desorientadora etapa, cada día era un regalo del cual apoderarse.

Se produjo un silencio que pedía a gritos las voces de quienes se habían quedado escuchando. Mariana, con actitud decidida levantó su voz para decir que este nuevo tiempo era un espacio para lanzarse a descubrir otras experiencias. Para permitirse la gran aventura de inventar modalidades de disfrute que nunca antes fueron pensadas. O que si habían sido, tal vez en aquel momento resultaban inviables.

Con mucho énfasis insistió en afirmar que estos tiempos debían ser tomados como una segunda juventud. Porque no se trataba de la juventud impuesta por la naturaleza sino por el coraje de elegir como desafío nuevos horizontes al servicio del disfrute personal.

Con emoción contenida, Perla dijo estar muy impactada porque los años habían corrido con una velocidad atropelladora. Ya no era la de antes, pero aún no sabía cómo transitar este nuevo devenir.

El pájaro regresó y cantó como si estuviera diciendo que el tiempo disponible era para apoderárselo.

Y ellas comprendieron. No importaba el pasado sino aprovechar el presente instalando una segunda juventud en la que se permitieran desafiar los propios prejuicios.

El sol brilló con mayor intensidad y hasta el pájaro sonrió.

Desafío inesperado

Era un invierno que pretendía perdurar ante una primavera que comenzaba a imponer colores y texturas en su afán de alimentar ilusiones que abrieran nuevos horizontes. Los pimpollos prometían futuro. Los brotes tiernos despertaban ternura y el encierro del invierno comenzaba a abrir sus puertas. Era una de esas mañanas que invitan a conversar con el corazón. Y sucedió lo inesperado.

Sin haberlo previsto se encontraron por casualidad en aquella esquina que tanto habían disfrutado en los años juveniles. En esos tiempos, cualquier excusa era útil para lanzarse a disfrutar caminatas compartiendo confidencias e ilusiones de futuro. Había pasado mucho tiempo y la vida los había lanzado por caminos diferentes. Cada cual con su estilo fue bordando en la trama del vivir las líneas de su propia historia. El encuentro fue una sorpresa que parecía esconder certezas.

Él había llevado una vida bastante tradicional con resultados que consideraba satisfactorios. Aun así, rondaba en el fondo de sus vivencias una extraña sensación de vacío que reclamaba por algo diferente. Como si los logros obtenidos hubieran cumplido con la función de cubrir expectativas formales y previsibles para un joven bien orientado como se esperaba de él. La vida había sido generosa ofreciéndole logros a sus expectativas sociales. Sin embargo, y a pesar de su satisfacción, se sentía como fuera de sí mismo. Esa desorientación lo confundía. La juventud que había transitado satisfactoriamente le estaba resultando ajena. Como si ahora fuera otro. Como si las certezas que siempre lo acompañaron se hubieran lanzado por un sendero distinto que ya no podía reconocer como propio. Porque ahora quería otra cosa.

Pero … ¿de qué otra cosa se trataba?

Ella había hecho un recorrido de vida aventurero descubriendo lugares misteriosos a los que había sido convocada por su formación y conocimientos profesionales. También había transitado experiencias afectivas que en aquellos tiempos satisfacían sus necesidades de acompañamiento. En los tiempos actuales algo le sucedía que la inquietaba. Como si un reclamo le estuviera pidiendo en su interior «otra cosa» que calzara con los cambios que se le iban presentando en estos nuevos tiempos. Eran épocas desconocidas. El presente ya no respondía a los anhelos del pasado y el futuro imponía improvisar. Aun cuando estaba acostumbrada a reinventarse con facilidad frente a las situaciones inesperadas que había transitado, esto no era lo mismo. Ahora se trataba de algo distinto. Antes eran cambios que formaban parte del itinerario previsto. Ahora era como estar frente a un horizonte disponible pero con ausencia de itinerario. Tenía la sensación de ser «otra». Una «otra» desorientada que sin embargo estaba convencida que aún le esperaban experiencias por abordar. Pero era muy claro que faltaba descubrir el «qué» y el «dónde» para luego abordar el «cómo».

La sorpresa de encontrarse después de tanto tiempo alimentó el deseo de compartir experiencias. Y, como si lo hubieran previsto, se encaminaron al bar de Don Pepe con el deseo —inconfesado— de unir pasado y presente pasando por encima de los años en que fueron extranjeros el uno para el otro.

El impacto del encuentro removió el avispero personal de cada uno. El muchachito aquel, que saltaba de proyecto en proyecto buscando un destino que le ordenara la vida y le garantizara una madurez consolidada, ya no era él. Se sentía perdido dentro de su propio orden.

Por su lado, la joven aventurera pretendía

seguir sacándole jugo a la vida en esta etapa de madurez y cuyos deseos presentes no coincidían con los ritmos y pretensiones de aquellos años juveniles.

Ambos agradecían el propio pasado que los había fortalecido y entusiasmado. Estaban satisfechos por haber podido cumplir con no pocas de las expectativas autoimpuestas. Pero ahora eran otros tiempos. Eran los tiempos de la madurez y anhelaban seguir accediendo a nuevas aventuras. Ambos sentían que era necesario cambiar y abordar nuevos horizontes.

Pero, ¿qué horizontes? ¿Cuáles satisfarían a esa mujer y a ese hombre que ya no eran los de antes? ¿Qué anhelos de aquellos que no fueron posibles en aquel entonces, eran viables de rescatar ahora? ¿Cómo darle forma a ciertas fantasías que parecían ilusorias en la juventud y fueron postergadas? ¿Cuáles son los anhelos aún ocultos que están esperando permiso para ser abordados? Inesperadamente había llegado el tiempo de la madurez. Él y ella eran dos personas maduras que anhelaban seguir viviendo intensamente los nuevos tiempos. Pero se trataba de un gran desafío.

El encuentro sugería nuevos horizontes impensados, pero conquistarlos exigía valentía. El gran desafío era animarse a cambiar el escenario de aquel futuro previsto en las épocas juveniles, así como también aceptar el vértigo de abordar lo desconocido.

Cada uno se zambullía en lo más profundo de aquellos deseos siempre postergados. Y llegaron a la conclusión de que a esta altura de la vida lo más saludable era acceder a satisfacer las seducciones del presente. Fue así como el desafío se les impuso… inesperado y prometedor.

Un día muy especial

Había transitado varias etapas de su vida y estaba en un nuevo presente. Seguía contando con una gran disponibilidad de energías que no sabía cómo aprovechar. Salió a caminar y regalarse lo que él llamaba «un espacio vacío». En realidad nunca estaba vacío porque desbordaba de compromisos —reales o inventados— que no daban tregua a sus pensamientos.

Había llegado a la octava década gracias a que la naturaleza humana le había otorgado recursos y habilidades para maniobrar los espinosos senderos de la vida. Pero llegar no sólo ponía en evidencia el mérito de haber transitado una cantidad de tiempo por demás generoso, sino la sorpresa de comprobar que día a día la vida le presentaba nuevos y diferentes abordajes.

En esta nueva realidad se vivía con otros ritmos, otras miradas y diferentes prácticas. El mundo conocido había desaparecido y se le imponía un replanteo del mapa personal de su propia vida. Ya no era viable seguir esperando la repetición de lo conocido porque era mucho lo que había cambiado. Él ya no era el mismo, y el entorno, tampoco. Se dijo que tal vez fuera momento de satisfacer experiencias que siempre fueron postergadas por las exigencias de los compromisos.

Estaba absorto en su viaje interior cuando, sin pedir permiso, lo distrajo su *alter ego*. Se instaló dentro de él y le expuso con toda soltura:

En estos tiempos de tu vida y de lo que transitamos es necesario ser consciente de que cada día vale por sí mismo, porque el pasado ya pasó y el futuro aún no es nuestro.
Por eso, cada día es una joya.

Sorprendido ante ese comentario no pudo dejar de sentir un cosquilleo interno de placer y temor al mismo tiempo. Placer, porque le permitía darse permiso para disfrutar cada día como más le gustara y pudiese satisfacer los deseos postergados. Así como también lo que siempre dejaba para «más adelante» como si el futuro fuera controlable.

Pero también temor. Le rondaba una brisa inquietante. Estaba descubriendo que, para aprovechar este presente que le ofrecía la vida, era inevitable aceptar que lo nuevo era desconocido y había que aprender a transitarlo. En pocas palabras, era un momento de cierre y de apertura al mismo tiempo. Un desafío, sin ninguna duda, el desafío más actual e importante de todos.

Su *alter ego* seguía atento sus devaneos internos y era muy evidente que mostraba una sonrisa orgullosa ante la posibilidad de que se animara —a estas alturas de la vida— a instalar sus anhelos profundos en el presente… porque cada día es una joya y el futuro es hoy.

Entretenimientos de Doña Pandemia

Un trío inquietante

La pandemia se introdujo en Argentina después de deslizarse por Oriente y Europa. Algo totalmente desconocido que se instaló entre nosotros a finales de marzo del 2020.

El encierro en las propias casas abrió un panorama desconocido y puso al descubierto situaciones inimaginables. Todo empezaba a quedar al desnudo porque el encierro, entre otras cosas, impedía que los malestares de la vida en común se descargaran puertas afuera. Las personas que vivían solas se enfrentaban a sí mismas como nunca antes.

Las parejas que convivían llegaron a desconocerse. Madres y padres descubrieron otros aspectos de la vida en familia. Los espacios laborales que eran habituales se esfumaron y dejaron de ofrecer sus bases de apoyo. La cotidianeidad se había convertido en un perpetuo presente impredecible, inesperado y profundamente inquietante.

Con la pandemia instalada fueron perdiendo consistencia muchas de las seguridades con que la grey humana acostumbra a ilusionar garantías. Todo el planeta había quedado en manos de tres monstruos inmanejables que se asociaban entre ellos erigiéndose en amos y señores de los terrores humanos. Quien llevaba la delantera era Mr. Inédito, que, haciendo gala de su capacidad para mostrar lo que nunca antes había sido visto, irrumpía instalando lo desconocido y, en consecuencia, también lo inmanejable.

Mr. Inédito había decidido llevar adelante esta aventura con el firme propósito de obtener el mayor éxito en pos de sus objetivos, uno de los cuales era nada más y nada menos que poner al desnudo los terrores humanos. Con coraje e inteligencia supo ganar la colaboración de dos personalidades muy especiales, que se caracterizan, entre muchas otras cosas, por su capacidad para atrapar a los humanos en las redes del terror. Ellas son Doña Incertidumbre y Doña Vulnerabilidad. Ambas poderosas.

Cuando Mr. Inédito se instaló en nuestra vida, vientos huracanados abrieron puertas y ventanas haciendo volar por los aires casi todas las certezas con que solemos jugar a controlar el futuro. Lo predecible se esfumaba cual rocío acariciado por el sol. Y fue justo en ese momento cuando Doña Incertidumbre instaló su trono, riéndose a carcajadas en presencia de quienes totalmente desorientados comenzaban a sospechar que nada estaba garantizado. Fue entonces también cuando Doña Vulnerabilidad se apresuró a presentarse.

Sin lugar a duda la pandemia había convocado a un trío inquietante logrando exacerbar lo más temido de la condición humana pues lo inédito nos enfrentaba a lo desconocido, la incertidumbre nos llenaba de dudas y la vulnerabilidad ponía descaradamente al descubierto nuestra fragilidad.

Es posible pensar, aunque pudiera parecer desatinado, que tal vez la pandemia instaló su presencia para despertar el espíritu adormecido de los humanos que suelen insistir en repetir errores. Cuando la pandemia puso rumbo hacia otros horizontes, nuestro mundo conocido quedó muy cambiado. Momento de reconstruir —y reconstruirse— con otros ritmos y otros sabores. También momento de rescatar la armonía que todo cambio lleva encubierto en su propio devenir.